_____ 학교 _____ 학년____반 _____ 의 책이에요.

신나는 **교과 체험학습** 시리즈 이렇게 활용하세요!

'체험학습'이란 책에서나 수업 시간에 배운 지식을 실제 현장에서 직접 경험해 보는 공부 방법이에요. 단순히 전시된 물건을 관람하거나 공연을 보는 것이 아니라 학습을 하기 전에 미리 필요한 정보를 조사하는 것까지를 포함한 모든 활동을 의미해요. 어떻게 공부할 것인지를 준비하면 그렇지 않은 경우보다 훨씬 더 많은 것을 보고 느끼게 되겠지요. 이 책은 체험학습을 하려는 어린이들에게 좋은 길잡이 역할을 할 거예요.

❶ 가기 전에 읽어 보세요

이 책은 체험학습 현장을 어린이들이 쉽게 이해할 수 있도록 풀이한 안내서예요. 어린이들이 직접 체험학습 현장을 찾아가는 데 필요한 정보가 들어 있어요. 체험학습 현장을 가기 전에 꼼꼼히 읽어 보세요.

❷ 현장에서 비교해 보세요

선유도 공원의 다양한 풍경을 볼 수 있어요. 또 선유도 공원이 어떻게 만들어지게 되었는지, 어떤 의미를 담고 있는 곳인지도 알아보아요. 뿐만 아니라 현장에서 할 수 있는 활동으로 선유도 공원에 대해 자세하게 느낄 수 있어요.

❸ 스스로 활동해 보세요

이 시리즈는 단지 지식을 전달하기 위한 교양서가 아니에요. 어린이 여러분이 교과서로 수업 시간에 배운 내용을 실제 현장에서 직접 체험하며 익힐 수 있도록 다양한 활동 내용을 담았지요. 책 중간이나 뒷부분에 이해를 돕기 위한 활동이 있으니 꼭 스스로 정리해 보세요.

❹ 견학 후 활동이 다양해요

체험학습 후에는 반드시 견학 후 여러 가지 활동을 해 보세요. 보고서 쓰기, 신문 만들기, 그림 그리기 등을 통해 체험학습에서 보고 들은 내용을 다시 한번 정리하면 알찬 체험학습이 될 거예요.

신나는 교과 체험학습 ㊻

시간과 물이 머무는 공간 선유도 공원

초판 1쇄 발행 | 2006. 3. 20.
개정 3판 5쇄 발행 | 2023. 11. 10.

글 강은희 | **그림** 이종호 이유나

발행처 김영사 | **발행인** 고세규
등록번호 제 406-2003-036호 | **등록일자** 1979. 5. 17.
주소 경기도 파주시 문발로 197(우10881)
전화 마케팅부 031-955-3100 | 편집부 031-955-3113~20 | 팩스 031-955-3111

값은 표지에 있습니다.
ISBN 978-89-349-9660-6 64000
ISBN 978-89-349-8306-4 (세트)

좋은 독자가 좋은 책을 만듭니다. 김영사는 독자 여러분의 의견에 항상 귀 기울이고 있습니다.
전자우편 book@gimmyoung.com | 홈페이지 www.gimmyoungjr.com

어린이제품 안전특별법에 의한 표시사항

제품명 도서 제조년월일 2023년 11월 10일 제조사명 김영사 주소 10881 경기도 파주시 문발로 197
전화번호 031-955-3100 제조국명 대한민국 ⚠주의 책 모서리에 찍히거나 책장에 베이지 않게 조심하세요.

시간과 물이 머무는 공간

선유도 공원

글 강은희 그림 이종호 이유나

주니어김영사

차례

선유도 공원에 가기 전에

미리 알아 두기

위치	서울특별시 영등포구 선유로 343
관람시간	이른 아침 6시 ~ 늦은 밤 12시까지
	밤에는 무지갯빛 선유교에서 한강 야경을 구경할 수 있어요!
입장료	무료
홈페이지	https://parks.seoul.go.kr/template/sub/seonyudo.do

체험학습　선유도 공원(선유도근린공원)에서는 다양한 공원 이용 프로그램을 진행해요. 여러분을 위한 체험학습도 마련되어 있지요. 예약은 선유도근린공원 홈페이지에서 받는답니다.

주의사항
- 자전거, 킥보드, 인라인스케이트, 스마트모빌리티(전동휠) 등을 못 타게 되어 있어요.
- 텐트나 그늘막을 쳐서도 안 돼요.
- 드론 비행이 안 되는 곳이에요.

문의　선유도근린공원 관리사무소(02-2631-9368)로 연락하세요.

이런 준비는 필수

《선유도 공원》 체험학습 책, 필기도구, 카메라, 색연필, 모자(햇볕이 따가워요.).

선유도 공원에 가는 방법

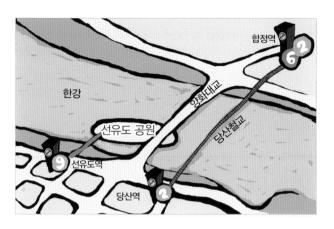

버스 타고 가자

602, 603, 604, 5714, 6712번 버스를 타고 선유도공원 정류장이나 양화대교전망카페 정류장에서 내리면 선유도 공원에 도착해요.

지하철 타고 가자

▶당산역

2호선 당산역에서 버스를 타요. 걸어가길 원한다면 3번 출구에서 한강공원 쪽으로 걸어가요.

▶선유도역

9호선 선유도역 2번 출구로 나와 15분 정도 걸어가면 선유도 공원이 나와요.

승용차 타고 가자

양화대교 양방향 중간 지점에 위치한 선유도 진입로를 이용해 양화 한강공원 주차장에 주차한 후, 선유교를 건넙니다. 선유도 공원 안에는 장애인 차량만 주차가 가능해요.

이 책은 이렇게 활용하세요!

선유도 공원은 시간의 흐름에 따라 그 모습이 바뀝니다. 계절에 따라 또 같은 시기라 해도 며칠 사이로 꽃과 나무, 풀이 많이 달라지지요. 이 책은 8~9월 초의 모습을 담았습니다. 봄이나 겨울엔 기둥을 타고 오르는 담쟁이나 커다란 수조 속의 수생 식물, 그리고 시간의 정원에서 살아가는 식물들의 모습을 책에 나온 그대로 볼 수 없다는 점을 이해해 주세요.

선유도 공원에서 주의할 점!

선유도 공원에 있는 수생 식물들과 나무와 꽃들을 함부로 꺾어서 가져가면 곤란해요. 귀중한 생명이거든요. 다른 친구들도 여러분처럼 아름다운 선유도 공원을 보고 갈 수 있게 함부로 만지지 않도록 하세요.

한눈에 보는 선유도 공원

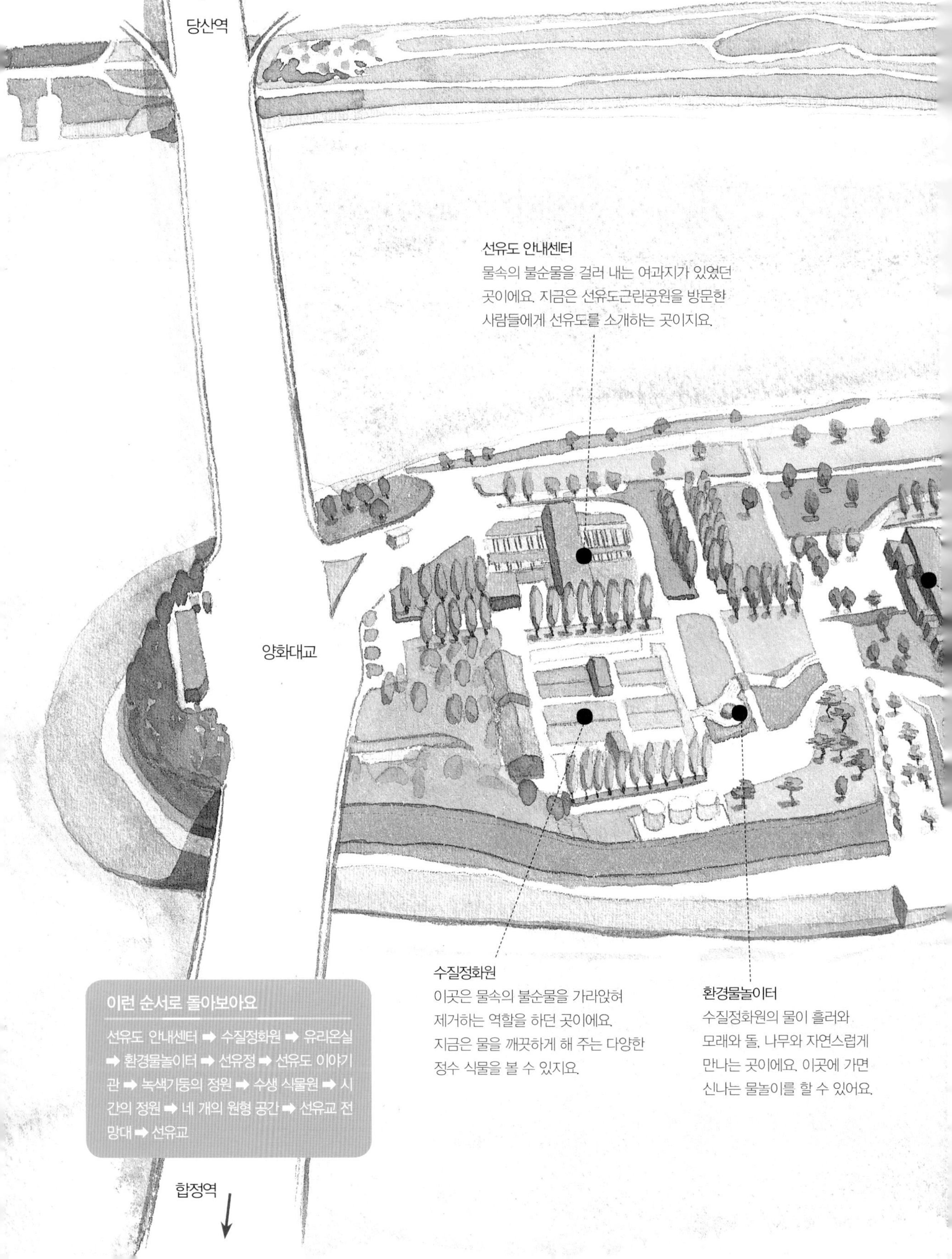

당산역
선유도 안내센터
물속의 불순물을 걸러 내는 여과지가 있었던 곳이에요. 지금은 선유도근린공원을 방문한 사람들에게 선유도를 소개하는 곳이지요.
양화대교
수질정화원
이곳은 물속의 불순물을 가라앉혀 제거하는 역할을 하던 곳이에요. 지금은 물을 깨끗하게 해 주는 다양한 정수 식물을 볼 수 있지요.
환경물놀이터
수질정화원의 물이 흘러와 모래와 돌, 나무와 자연스럽게 만나는 곳이에요. 이곳에 가면 신나는 물놀이를 할 수 있어요.
이런 순서로 돌아보아요
선유도 안내센터 ➡ 수질정화원 ➡ 유리온실 ➡ 환경물놀이터 ➡ 선유정 ➡ 선유도 이야기관 ➡ 녹색기둥의 정원 ➡ 수생 식물원 ➡ 시간의 정원 ➡ 네 개의 원형 공간 ➡ 선유교 전망대 ➡ 선유교
합정역

선유교
무지개 모양의 선유교는 한강을 가로지르는 다리예요. 다리의 바닥과 난간이 나무로 만들어져 자연스럽고 부드러운 느낌을 주지요.

녹색기둥의 정원
이곳은 수돗물이 머물러 있던 곳으로 위쪽은 테니스장으로 이용되었어요. 현재는 담쟁이덩굴이 철마다 멋진 모습을 만들어 내고 있지요.

수생 식물원
모래와 자갈로 된 여과 장치로 물속의 불순물을 걸러 내던 곳이었어요. 이곳에서 걸러진 물은 현재 녹색기둥의 정원과 선유도 이야기관으로 연결되어 있어요.

네 개의 원형 공간
정수하고 남은 불순물을 물과 찌꺼기로 다시 분리시켜 처리하던 곳이었어요. 지금은 원형극장, 환경교실, 화장실, 놀이마당의 네 가지 얼굴을 가지고 있어요.

시간의 정원
물속의 불순물을 제거하는 역할을 하던 곳이었어요. 지금은 다양한 식물들을 볼 수 있는 정원으로 꾸며져 있어요.

선유도 이야기관
이곳은 물을 정수지로부터 시민들에게 보내 주는 곳이었어요. 지금은 멀티미디어실과 한강의 역사를 볼 수 있는 전시관이 마련돼 있어요.

선유정
선유정수장을 생태 환경 공원으로 만들면서 한강 변에 소박하지만 전통미를 살린 선유정을 다시 세웠어요.

이 책의 순서는 양화대교 쪽 입구인 선유도 안내센터에서부터 선유교 방향으로 진행됩니다. 선유교 쪽에서 온 친구들은 공원에 들어서서 오른쪽 길을 따라 죽 걸어서 선유도 안내센터에서 출발하세요.

미루나무 숲길을 걸으며

한강에 있는 선유도 공원(선유도근린공원)은 우리나라 최초의 재활용 생태 공원이에요. 그런데 선유도 공원은 처음에는 공원이 아니었어요. 원래 정수장의 건물을 재활용해서 지금의 생태 공원이 되었답니다.
화려한 변신에 성공한 선유도 공원을 이렇게 둘러보세요.

하나, 아름답던 옛 선유봉과 강변 마을을 상상하며 걸어 보세요.
느린 걸음으로 미루나무와 자작나무 사이를 지나고 유유히 흐르는 강물을 물끄러미 바라보세요. 또 햇빛에 반짝이던 고운 모래밭을 상상하며 발바닥으로 느껴 보세요.

둘, 옛 정수장의 흔적을 찾아보세요.
한강 물을 깨끗하게 정화시켜 각 가정에 수돗물을 보내 주던 정수장 시설물이 그대로 남아 있는 곳이 많답니다. 어떤 역할을 하던 곳이었을까 생각하며 산책하면, 선유도 공원이 더욱 매력 있게 다가올 거예요.

셋, 물을 따라가며 푸르고 예쁜 식물 친구를 만나 보세요.
이곳은 '물'을 주제로 가꾸어진 생태 공원이랍니다. 한강에서 끌어올린 물이 급수 탱크를 지나고, 그 물을 수생 식물이 정화시켜요. 이렇게 깨끗해진 물이 정원 속 꽃들과 나무, 풀을 키워 내고 다시 급수 탱크로 돌아가게 만들어졌지요.
물길을 따라가면서 노랑어리연꽃, 마름, 갈대, 부레옥잠 등 물속 식물도 만나고 둥글레, 하늘말나리, 금낭화, 은방울꽃 등 작고 귀여운 들꽃과도 인사해 보세요.

산에서 섬으로 변한 사연

능수버들

지금의 선유도 공원은 옛날에는 섬이 아닌 산봉우리였어요. '신선이 노니는 봉우리'란 뜻을 지닌 '선유봉'은 한강의 아름다운 경치와 서울의 산자락이 보이는 멋진 곳이었답니다.

특히 선유봉 강가의 버드나무 숲과 반짝이는 하얀 모래밭의 풍경이 매우 아름다웠지요. 중국의 사신이 우리나라에 다녀간 후 "선유봉이 있는 양천현(지금의 양천구 일대)을 보지 못했다면 조선을 보았다고 말하지 말라."라고 할 정도였답니다.

1741년 양천 현감을 지낸 조선 시대의 유명한 화가 겸재 정선은 선유봉과 한강 주변의 아름다운 모습을 그림으로 표현했어요. 〈양화환도〉〈소악후월〉〈금성평사〉에는 부드럽게 솟은 선유봉 봉우리와 한적한 정자, 유유히 흐르는 황포 돛배의 모습이 담겨 있어요.

〈선유봉〉 그림에는 말을 탄 선비 일행이 줄지어 모래밭을 건너는 모습이 인상적이지요. 오래 전부터 선유봉 주변의 강변에는 30여 채의 집이 작은 마을을 이루며 살고 있었어요. 마을 사람들은 모래가 많은 땅에서 수수, 보리, 메밀 등을 가꾸거나 양화 나루에서 짐을 나르며 살았지요. 그러나 한적하고 정감 있는 강변 마을은 여름 장마 때면 늘 많은 비에 시달렸어요. 한 해 걸러 홍수가 났고 많은 비 때문에 마을 사람들은 걱정이 많았답니다.

1925년은 한강을 중심으로 서울에 심한 물난리가 있었던 해입니다. 그 당시 우리나라는 일본이 강제로 지배하고 있었어요. 일본은 한강의 홍수를 막기 위해 강가에 둑을 쌓겠다며 강변 마을

정선의 산수화에 등장한 선유봉

겸재 정선은 18세기 중엽 풍류객들이 찾던 한강 선유봉의 빼어난 경치를 그림으로 그려 놓았어요!

〈선유봉〉 정선. 25×23cm

사람들에게 다른 곳으로 옮겨 가서 살 것을 강요했어요.

주민들이 양평동으로 모두 옮겨 가자 일본은 선유봉을 채석장으로 사용하기 시작했답니다. 한강 가에 홍수 방지 둑을 쌓고 여의도 비행장으로 가는 도로를 놓기 위해 1945년까지 선유봉의 절반 이상이 파헤쳐졌지요.

그 후 도로와 '제2한강교(현재의 양화대교)'가 건설되면서 겨우 남아있던 선유봉의 흔적마저 사라지고 주변엔 3만여 평의 모래밭만 남게 되었어요.

1919년 선유봉(선유도)

2006년 선유도

채석장
석재로 쓸 돌을 캐거나 떠내는 곳을 말해요.

선유봉 주변의 강변 마을의 옛날 모습이에요.

1968년 한강이 개발되기 시작하면서 선유봉은 봉우리가 아닌 섬이 되었어요. 선유봉 주변에 7미터 높이의 시멘트 **옹벽**을 쳤고, 한강제방도로(현재의 강변북로)를 건설한다며 선유봉 앞 모래를 퍼 사용했어요.

그렇게 폐허가 된 선유도에 서울 시민이 마실 물을 공급하기 위한 **정수장**이 건설되었어요. 펌프실과 **여과지**, 침전지 등 정수장 구조물이 들어선 선유도의 모습은 더 이상 **무릉도원**이라 불리던 아름다운 절경이 아니었답니다.

1978년부터 2000년까지 선유도는 서울 서남부 지역에 하루 40만 톤의 수돗물을 공급하는 정수장 구실을 했지요. 묵묵히 물을 나르던 이곳이 새롭게 선유도 공원으로 태어난 것은 2002년 월드컵을 개최하던 해였어요. 경기도 구리시에 커다란 강북 정수장이 들어서면서 낡고 오래된 선유도 정수장이 문을 닫아 버린 것이지요.

선유도 정수장은 우리나라에서는 처음으로 '재활용 생태 공원'이란 이름으로 화려하게 다시 태어났어요. 정수장 구조물을 완전히 철거하지 않은 채 고치고 다듬은 다음 그곳에 물풀과 나무, 들꽃을 가꾸어 아름다운 공원이 된 것이지요.

빼어난 절경을 자랑한 선유봉

양화진은 지금의 마포구 합정동에 있던 나루였어요. 이곳은 조선 시대에 교통이 편리하고 경치가 아름답기로 유명했어요. 양화진의 맞은편 강기슭인 양화리 선유봉은 동네 한강 가에 버드나무 숲이 우거져 있었는데, 버들꽃이 필 때면 그림 같은 장관을 이루었답니다. 그래서 '버들꽃 피는 마을'이라는 뜻으로 '양화리(楊花里 버들 양, 꽃 화, 마을 리)'라는 이름을 얻게 되었어요.

또한 선유봉에서는 힘차고 상쾌한 풍경을 만끽할 수 있었어요. 예로부터 강산의 아름다움을 모두 갖춘 빼어난 명승지로 꼽히던 곳이 선유봉이랍니다. 그래서 조선 시대의 풍류를 아는 많은 선비들이 이곳을 찾았지요.

〈양화진〉 정선, 25×23cm

여기서 잠깐!

신선나리 OX 퀴즈!

선유도 안내센터에서 들려주는 선유도의 사연을 잘 들었나요?
아, 잠깐! 선유도 공원을 둘러보려면 먼저 신선이 되는 관문을 통과해야 해요.
선유도 공원의 진실을 알아맞히는 OX 퀴즈에 도전해 보세요.

1. 선유도는 신선이 노는 모습을 그린 그림이다. (   )
2. 공원이 되기 전 선유도에는 서울 시민이 흘려보내는 하수를 처리하는 '하수처리장'이 있었다. (   )
3. 선유도는 우리나라에서 처음으로 만들어진 재활용 생태 공원이다. (   )

문제 모두 맞혔어요.	어서 납시죠. 선유도 신선나리!
2문제 맞혔어요.	축하합니다! 선유도 신선에게 사인 받을 자격을 드립니다.
1문제 맞혔어요.	신선님 가방 잘 챙기세요. 한 발짝 떨어져서 걷고요.
모두 틀렸다고요?	혹시 거꾸로 나라의 신선?

☞ 정답은 56쪽에

부레옥잠으로 깨끗해진 물

여기예요!

🌻 **침전지**
물속에 섞인 흙이나 모래를 가라앉혀 물을 맑게 만들기 위해 만든 못이에요.

🌻 **정화**
더러운 것이나 좋지 않은 것을 없애 깨끗하게 하는 것을 말해요.

공원 정문으로 들어서면 유리온실이 보이죠? 전시실은 아니지만 선유도의 다양한 식물들을 길러 내는 중요한 구실을 하는 곳이에요. 열대 지방의 수생 식물과 우리나라 남부 지방의 수생 식물을 볼 수 있어요. 유리온실 바로 밑에는 수질정화원이 있습니다. 이곳은 원래 약품을 넣어 물속의 불순물을 없애던 **침전지**였어요. 이곳에서 처리된 물은 현재 선유도 안내센터로 쓰이는 제2여과지로 보내졌었지요. 지금은 기존의 구조물을 이용해 계단식 수조를 만들고 그 안에서 갈대, 부들, 부레옥잠 등 물을 깨끗하게 **정화**하는 수생 식물을 기르고 있어요.

물의 자정 작용이 뭐예요?

여러분은 강이나 호수, 시냇물에게 스스로 깨끗해지는 능력이 있다는 사실을 알고 있나요?

❶ **수질정화원 통로**
물이 흐르는 길
❷ **남개연(수생 식물원)**
온실 속 수생 식물
❸ **수질정화원**
정화된 물이 물놀이터로 흘러감
❹ **유리온실**
다양한 수생 식물을 기르는 곳

바로 수생 식물 덕분이지요. 물속에서 생활하는 수생 식물은 물속 생활에 적응하기 위하여 여러 가지 중금속성 물질이나 독성 물질을 빨아들여 에너지원으로 이용하거나 체내에 쌓아 놓습니다. 또한 광합성을 하여 물속에 산소를 공급함으로써 물속 생태계를 건강하게 유지시켜 주고 물속 환경을 깨끗하게 만드는 역할을 하지요. 이것을 '물의 자정 작용'이라고 합니다.

오염된 하천이나 호수를 오랜 기간 동안 그대로 방치해 둘 때 스스로 깨끗한 상태로 돌아가는 것

물속에 있는 더러운 물질을 부레옥잠이 깨끗하게 만들어 주는 모습이에요.

은 바로 이런 자정 작용 덕이에요. 수중 생물에 의한 자정 작용과 더불어 **희석**되고 **산화**되거나 자외선에 의해 **살균**되는 과정을 거치는 것이지요.

수질정화원에서는 이처럼 오염된 물이 수생 식물이 자라는 수조를 흐르면서 깨끗하게 정화되는 과정을 여러분 눈으로 직접 확인할 수 있는 곳이랍니다. 자세히 보면 깨끗한 물에서 헤엄치며 놀고 있는 물고기도 보인답니다. 어떤 물고기들이 있는지 한번 관찰해 보세요.

✳ **희석**
용액에 물 등을 넣어 농도를 묽게 하는 것이에요.

✳ **산화**
어떤 물질이 산소와 결합하거나 수소를 잃는 작용이에요.

✳ **살균**
세균 등의 미생물을 죽이는 것을 말해요.

수질정화원에서 볼 수 있는 다양한 식물

노랑어리연꽃
주로 늪이나 연못에서 자라며 꽃잎이 하늘거려요.

물양귀비
열대성 연못이나 늪에서 자라요. 다 자라면 50~60센티미터 정도돼요.

수련
뿌리줄기가 밑바닥으로 뻗고 수염뿌리가 많아요. 잎은 말굽 모양이에요.

내가 바로 정수 식물!

　자정 작용에 대해 잘 알았지요? 그런데 정수 식물을 모르겠다고요?
정수 식물은 깨끗할 정(淨), 물 수(水)! 즉 물을 깨끗하게 만들어 주는
물속 식물을 통틀어서 가리켜요. 주로 얕은 물가에서 살며 물속 바닥
의 진흙 속에 뿌리를 내리고 줄기와 잎을 물 위에 뻗고 있답니다. 식
물의 뿌리가 물을 오염시키는 유기물과 인(P), 질소(N) 등을 빨아들여
물을 깨끗이 하는 것이지요.

여기서 잠깐!

정수 식물 찾아보고 줄 긋기!

수질정화원을 한 바퀴 돌며 아래의 정수 식물을 찾아보세요.
사진을 보고 알맞은 것끼리 연결해 볼까요?

　　　　　　　　● 창포

　　　　　　　　● 부레옥잠

　　　　　　　　● 갈대

　　　　　　　　● 부들

　　　　　　　　● 마름

☞ 정답은 56쪽에

부레옥잠
여름에 연한 자주색 꽃이 피어요. 모양이 아름답고 물을 정화시켜 주기 때문에 연못이나 어항에 많이 길러요. 잎자루 아랫부분의 공기주머니가 물고기의 부레와 같은 구실을 한다고 해서 '부레옥잠'이라는 이름이 붙었어요.

창포
연못가나 도랑가에서 자라요. 줄기가 30센티미터 정도이며, 독특한 향기도 난답니다. 초여름 잎 사이에서 옥수수 모양의 꽃차례가 돋아나 피는데, 꽃의 색깔이 연녹색이어서 눈에 잘 띄지는 않습니다.

부들
연못가나 개울가, 늪지처럼 물기가 많은 곳에서 자라요. 뿌리를 땅속에 단단히 박고 있으며 여름에 줄기 끝에서 방망이처럼 생긴 누런 꽃 이삭이 피어나요.

갈대
늪이나 강변, 갯벌, 개울가 등 축축한 땅에서 무리지어 자라고 줄기가 땅속에서 옆으로 길게 뻗는 특징이 있어요. 만지면 까칠까칠하고 초여름에 줄기 끝에 고깔 모양의 밤색 꽃 이삭이 생겨요.

마름
잎 여러 장이 줄기 끝에 모여 나며 잎 모양은 세모꼴이에요. 잎들은 서로 겹치지 않고 물 위에 고르게 퍼져 있어요. 마름은 물이 얕을 때는 줄기가 짧지만 물이 깊어지면 하루 이틀 사이에 마디 사이가 길어져요.

꼼지락 꼼지락 만져 보고 빈칸 채우기

유리온실 바깥쪽 담벼락에 커다란 물 항아리들이 보이죠? 그 안에 여러 가지
물풀들이 살고 있답니다. 다양한 물풀을 자세히 관찰하고 직접 만져 보며 문제
를 풀어 보세요.

보기를 보고 ☐☐☐☐ 안에 알맞은 말을 넣어 보세요.

보기

자라, 거북, 미끈미끈, 꺼끌꺼끌, 줄기, 뿌리, 네모, 세모, 공기주머니, 공기,
바람, 네잎클로버, 잎, 수세미, 행주

◀자라풀

하트 모양을 하고 있지요. 잎 뒷면을 만져 보세요. 폭신폭신한
공기주머니가 마치 ☐☐☐☐☐ 의 등같이 생겼다고 해서
'자라풀'이란 이름이 붙었어요.

▶남개연

물속에서도 상추가 자라나 봐요. 상추 잎처럼 꼬불거리는 잎새가
물속에서 하늘거리죠? 만지면 ☐☐☐☐☐ 하답니다.
남개연은 물 위에 뜬 잎과 물속에 잠겨 있는 잎의 모양이 다르답니다.
어? 진짜네. 신기하죠?

◀네가래

☐☐☐☐☐ 를 닮았죠? 가래와 비교해 보세요. 잎 모양이 많이 다르죠.
이름이 '네가래'인 이유는 무엇일까요? 맞아요. 갈라진 ☐☐☐☐ 의 수가
4개이기 때문이랍니다.

◀큰고랭이

줄기가 원통 모양으로 통통합니다. 키가 1미터도 넘는 것 같아요.
한번 만져 보세요. 줄기 속이 ☐☐☐☐ 로 차 있어요.
마치 기다란 빨대 같군요.

▶부레옥잠

잎자루가 풍선처럼 부풀어 있지요. 바로 [   ]랍니다.
튜브처럼 안에 공기가 들어 있어서 물속으로 가라앉지 않고
떠 있을 수 있지요. 한번 만져 보세요. 느낌이 어떤가요?
쑥~ 들어가지요. 건져서 뿌리도 만져 보세요. 매우 가볍고
폭신폭신하답니다. 7~8월에 예쁜 연보랏빛 꽃이 피어요.

◀마름

잎의 윗면이 반질반질하고 [   ] 모양입니다. 잎들은
서로 겹치지 않고 물 위에 고르게 퍼져 있어요. 그런데 자세히 보니
작고 말랑말랑한 잎자루가 부레옥잠과 같이 볼록하게 부풀어 있네요.

▶개구리밥

물 위에 동동 떠 있는 손톱만 한 풀잎이 보이나요? 너무 작아 잡기도
어렵지요? 개구리가 정말 개구리밥을 먹나요? 이런 이름이 붙은
이유는 개구리밥이 개구리가 사는 곳에 많아서랍니다. 손가락으로 살짝 집어
올려 잎의 아래쪽을 보세요. 실처럼 가는 [   ]가 몇 가닥 늘어져
있지요? 개구리밥의 뿌리는 땅에 닿지 않고 물속으로 늘어져 있답니다.

◀물수세미

엄마들이 설거지할 때 사용하는 [   ] 같이 생겼죠?
짙은 청록색인데 직접 만져 보면 아주 부드럽고 연하답니다.
줄기도 노끈처럼 가늘고 연해서 물 밖으로 꺼내면 축 늘어집니다.

☞ 정답은 56쪽에

17

돌과 물이 있는 놀이 공간

이곳의 물은 바로 수질정화원에서 수생 식물들에 의해 깨끗하게 정화된 물입니다. 얼마나 깨끗하냐고요? 물은 깨끗한 정도에 따라 1~5급수로 나누는데, 이곳의 물은 2급수 정도랍니다. 수생 식물의 위력을 다시 한 번 느낄 수 있지요.

'환경물놀이터'란 이름은 어떻게 붙여졌을까요?

놀이터를 이루고 있는 재료들을 모두 자연에서 얻었기 때문이에요. 돌을 쌓아 둥그런 산 모양의 미끄럼틀을 만들고 냇물을 건널 수 있도록 야트막한 돌 징검다리와 나무다리를 놓았어요. 또 돌과 흙, 나무 사이로 흐르는 맑은 물은 자연 하천에서 볼 수 있는 구불구불한 모양을 하고 있지요.

선유도 공원 물은 이렇게 흘러요

여기예요!

한강물을 끌어 옴 ➡ 물탱크 ➡ 수질정화원 ➡ 환경물놀이터 ➡ 수로 ➡ 수생 식물원 ➡ 시간의 정원 ➡ 회수조 ➡ 물탱크

물놀이터
돌과 물, 나무와 바람이 있는 놀이터예요. 예전에는 직접 들어가 놀 수 있었지만, 지금은 출입이 제한되고 있어요.

한쪽에는 모래밭이 있어 모래 놀이를 해 볼 수도 있고, 나무로 만든 기다란 벤치와 너른 평상에서는 느긋하게 쉴 수도 있답니다. 나무 둥치를 그대로 살린 놀이터는 모든 것이 자연을 닮은 모습입니다.

선유도 공원을 방문할 때마다 이곳에서 왁자지껄 재미있게 떠들며 뛰어노는 친구들의 재잘거림을 들을 수 있을 거예요.

징검다리

수질 등급에 따라 사는 동물이 달라요

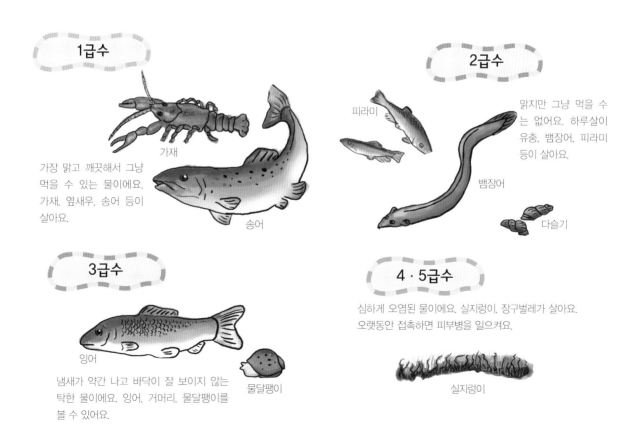

1급수

가재

송어

가장 맑고 깨끗해서 그냥 먹을 수 있는 물이에요. 가재, 옆새우, 송어 등이 살아요.

2급수

피라미

뱀장어

다슬기

맑지만 그냥 먹을 수는 없어요. 하루살이 유충, 뱀장어, 피라미 등이 살아요.

3급수

잉어

물달팽이

냄새가 약간 나고 바닥이 잘 보이지 않는 탁한 물이에요. 잉어, 거머리, 물달팽이를 볼 수 있어요.

4 · 5급수

실지렁이

심하게 오염된 물이에요. 실지렁이, 장구벌레가 살아요. 오랫동안 접촉하면 피부병을 일으켜요.

물, 나무, 돌과 함께 놀아요

 공원 속 아담한 놀이터에 발 담그고 싶다고요? 물이 아주 깨끗하죠? 바로 위쪽에 있는 수질정화원에서 흘러내린 물이랍니다. 정수 식물들이 만들어 준 깨끗한 물이어서 맘껏 놀 수 있었어요. 하지만 지금은 안전 문제로 물놀이는 금지되어 있지요.

 그럼 이 재미있는 놀이터에서 어떤 놀이들을 할 수 있을까요? 징검다리 모양의 놀이표를 따라가며 놀아요.

이렇게 놀아 보아요!

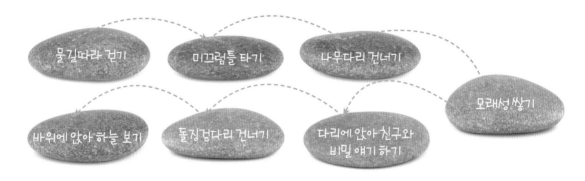

물길 따라 걷기 → 미끄럼틀 타기 → 나무다리 건너기 → 모래성 쌓기

바위에 앉아 하늘 보기 ← 돌징검다리 건너기 ← 다리에 앉아 친구와 비밀 얘기 하기

내 맘대로 표현하기

환경물놀이터에서 느낀 점을
의성어나 의태어 또는 기호 등으로 짧게
표현해 보세요.

1. 가장 재미있었던 놀이는

_____

2. 내가 따라가 본 물길이 흐르는 모양은

_____

3. 환경물놀이터의 돌 미끄럼틀이 학교나 아파트,
   공원에 있는 미끄럼틀과 다른 점은

_____

4. 바위에서 올려다본 하늘이 _____ 와 닮았어요.

여기서 잠깐!

나는 무엇일까요?

물풀 모양으로 보이는 것이 무엇일까요?
뭔지 모르겠다고요? 책장을 넘기면 알 수 있어요.
녹색기둥의 정원에서 찾아보세요!

정답은 56쪽에

선유정

신선나리 잠시 쉬어 가는 곳

...여기예요!

　물놀이터에서 나와 오른쪽 강변 쪽으로 걷다 보면 오래된 듯한 정자가 눈길을 끌어요.

　선유정은 선유도가 개발되기 전에 있었던 정자예요. 선유정수장을 생태 환경 공원으로 만들면서 한강 변에 옛 선인들의 풍류를 느끼고 서울의 빼어난 모습을 감상할 수 있도록 소박한 정자를 다시 세웠답니다. 잠깐 느긋한 마음으로 선유정에 앉아 시원한 강바람을 몸으로 느껴 보세요. 그 옛날 물과 함께 유유히 흐르던 황포 돛배가 보이는 것 같지 않나요?

선유정 전경
탁 트인 한강 주변의 모습을 쉬면서 감상할 수 있어요.

선 ➡ 선선한 바람도 불고
유 ➡ 유난히 햇살이 좋구나.
정 ➡ 정말 선유도는 신선들이
　　 다닐 만한 곳이구나.
　　 허허허.

선 ➡
유 ➡
정 ➡

잠시 걸음을 멈추고 옛날 선비가 되어 한가로운 풍류를 즐겨 보는 것도 좋아요. 신발을 벗고 선유정 마루에 올라가 흐르는 강물을 바라보며 눈앞에 펼쳐진 풍경을 구경해 보세요. 폼 잡고 시 한 수 읊으면 어디 신선나리가 따로 있나요? 선·유·정 세 글자로 삼행시를 지어 선유정 신선나리와 실력을 겨루어 보는 것도 재미있을 거예요.

정자

경치가 좋은 곳에 한가롭게 노는 곳으로 쓰려고 지은 집을 말합니다. 벽이 없이 기둥과 지붕만 있게 지었지요. 선유정과 함께 한강변에 있던 정자로는 가양동 부근의 소유정과 성산 기슭에 있던 소악루, 합정동에 있는 망원정을 들 수 있어요.

여기서 잠깐!

선유정 마루에 앉아서 바라보는 멋진 풍경

한강의 시원한 바람이 불어오는 선유정에 앉으니 방향에 따라 풍경이 다르지요? 선유정 마루에 앉아 동서남북으로 눈을 돌려 보세요.
왜! 가장 멋진 모습은?

뒤쪽
_____
_____

오른쪽   왼쪽
_____      _____
_____   _____

앞쪽
_____
_____

선유도의 이야기를 들려주다

여기예요!

물을 깨끗하게 걸러내는 정수장은 펌프실, 여과지, 침전지 등으로 이루어져 있다고 했었지요? 선유도 이야기관은 예전 정수장의 송수 펌프실이었던 곳이에요.

깨끗이 걸러진 물을 정수지(지금의 녹색기둥의 정원)에 저장해 두었다가 이곳의 대형 펌프를 통해 서울 시민들에게 보냈답니다. 지금은 직사각형 구조의 펌프실을 활용하여 다양한 전시 공간으로 개조했어요.

공원을 다니다 보면 선유 정수장에서 사용하던 장비들이 있어요. 우수(빗물) 방류 밸브라고 하는데, 1978년부터 2000년까지 사용했던 밸브예요. 선유 정수장에 많은 빗물이 들어오면 그 빗물을 한강으로 방류할 때 사용했답니다.

예전에 사용했던 송수 펌프실의 대형 펌프예요.

　선유도 이야기관은 원래 '한강전시관'이었어요. 2013년 10월에 도심 재생과 재활용 개념의 이야기관으로 다시 개관하였지요. 한강전시관 당시에는 한강의 환경과 생태계를 주제로 전시를 했었어요. 한강을 오가던 조운선(배)의 실제 모양을 복원한 그림, 황포 돛배 모형도 전시되어 있었지요.

　지금은 선유도가 간직한 이야기를 중심으로 자연과 어우러진 도심 속 문화 전시 공간으로 활용하게 되었답니다.

산수화도 감상하고 숨은 그림도 찾고

아래 그림들은 조선 중기의 화가 겸재 정선의 산수화랍니다.
한강 주변의 아름다운 풍경을 담고 있어요.
선유봉과 소악루 그림에서 **보기**에 있는 것들을 찾아보세요.

보기

산봉우리, 기와집, 홍살문, 능수버들(또는 수양버들), 당나귀,
돛단배, 거룻배(또는 나룻배), 초가집, 강물

숨은 그림 찾기 힌트!

①산봉우리
이 문제는 힌트를 주면 자존심이 상하겠죠?

〈선유봉〉 정선, 25×23cm

②기와집
너무 쉽다! 혹시 기와집을 모르지는 않겠죠?

③홍살문
이건 좀 난이도가 있는 문제네요. 27쪽에 있는
홍살문에 대한 글을 읽고 나서 찾아보세요.

④능수버들
버드나무예요. 눅눅한 땅을 좋아하여 연못가나
시냇가에서 저절로 자라지요. 우리나라에는 버
드나무 무리가 무척 많이 자라고 있어요. 귀여
운 버들강아지가 달리는 갯버들, 가지가 휘휘
늘어진 수양버들과 능수버들, 키를 만드는 키
버들. 그 시절 어린이들은 봄이 오면 버드나무
껍질로 피리를 만들어 불곤 했답니다. 이젠 쉽
게 찾을 수 있죠?

⑤당나귀
'말'처럼 보이기도 하네요.

⑥돛단배와 거룻배
돛이 있고 없는 차이!

⑦초가집
기와집과 지붕 색이 다르죠?

⑧강물
혹시 그림에 있는 물을 바닷물로 알고 있는 건
아니겠죠?

충신과 효자, 열녀를 표창하여 임금이 그 집이나 마을 앞, 능(陵), 원(園), 묘(廟), 궁전(宮殿), 관아(官衙)등에 세우도록 한 붉은 문을 말해요. 좌우에 높은 기둥을 세우고 지붕은 없이 창살만 얹고 붉은 단청을 해요. 붉은 단청을 하는 것은 신성한 곳을 나타내기도 하고 악귀를 내쫓는 의미이기도 하답니다.

▼겸재 정선

진경산수화의 대가인 정선은 조선 시대 영조 때 활동한 사대부 출신의 화가예요. 스무 살 무렵부터 그림을 그리기 시작해 금강산을 돌아본 이후 본격적으로 진경산수화를 완성시켜 나갔다고 합니다. 겸재 정선이 그린 산수화 〈경교명승첩〉이라는 화첩에는 모두 32장의 그림이 있는데 그 중 20여 점이 한강을 주제로 삼은 그림이에요. 특히 그림에 가장 많이 등장하는 곳이 바로 이곳 양천 일대의 모습입니다.

충남 논산에 있는 노성향교 홍살문

〈소악루〉정선, 25×23cm

그림을 보고 어떤 분위기를 느꼈나요? 감상한 느낌을 짧게 써 보세요.

☞ 정답은 56쪽에

고요한 사색의 공간

여기에요!

　선유도 이야기관에서 한강의 역사를 살펴본 뒤 지하 1층으로 나오면 '녹색기둥의 정원'으로 이어집니다. 송수 펌프실에서 물을 공급하기 전 수돗물을 낮게 흐르게 하던 곳으로 윗부분의 상판 구조물을 걷어 내고 기둥만을 남겨 두었지요. 원래 건물 위에는 테니스장이 있었답니다. 기둥 끝 부분에 남아 있는 천장 덮개의 흔적으로 이곳의 옛 모습을 상상할 수 있어요.

여름이 되면 좌우로 나란히 줄지어 선 시각의 기둥을 휘감고 오르는 담쟁이덩굴과 햇살에 반짝이는 줄사철을 볼 수 있어요. 녹색기둥의 정원이 제 모습을 드러내는 때이지요.

지하 공간이었던 정원은 사방으로 시야가 막힌 채 남겨진 기둥들을 따라 하늘로만 열려 있어요. 마치 오랜 유적 속에 남겨진 사원의 기둥들처럼 사색의 즐거움을 느끼게 해 주지요.

정원 가운데 있는 긴 의자예요. 이곳은 구조물을 둘로 나누는 벽이 있던 자리지요. 물때 자국이 남아 있는 회색의 콘크리트 기둥과 색칠하지 않은 낡은 나무의자, 기둥 끝 부분에 드러난 철근 조각과 울퉁불퉁한 시멘트가 고즈넉한 분위기를 만들어요. 정돈된 질서 속에서 휴식과 사색의 시간을 가져 보세요.

선유도 공원 중에서 가장 조용하고 고즈넉한 분위기가 느껴지는 녹색기둥의 정원.
흐르던 물도 멈추고 바람도 멈추고 시간까지 멈추어 버린 듯한 느낌이 들지 않나요?
잠깐! 소리가 들려요. 녹색기둥에 귀를 대 보세요. 기둥이 여러분에게 하고 싶은 말이
있대요.

녹색기둥이 들려주는 이야기

안녕! 난 1978년에 태어났어. 너희보다 나이가 많지? 처음엔 콘크리트로 지어져서
내 몸은 매끈매끈했어. 이렇게 다리 아래쪽이 물 얼룩으로 더러워지고 얼굴이 떨어져
나가 울퉁불퉁한 모습을 하게 된 건 시간이 흘렀기 때문이야.

앞으로도 내 몸은 시간이 흐를수록 비바람과 먼지로 점점 더러워지고 보기 흉하게
패일 거야. 하지만 시간이 흘러 좋은 점도 있지. 바로 내 곁에 찾아와 나를 붙들고 하
늘로 오르려는 담쟁이와 말벗이 된 거야. 담쟁이는 늘 나에게 고맙다고 해. 나도 누
군가를 도울 수 있다는 사실이 얼마나 기쁜지 몰라.

그리고 낡은 내 몸과 내 친구인 담쟁이가
아주 잘 어울린대. 마치 원래부터 그랬던 것
처럼 편안함과 고요함이 느껴진대나.

내가 낡고 오래될수록 사람들은 이곳 정원
을 더욱 아끼고 사랑하는 것 같아. 내가 새 기
둥이었다면 그런 칭찬은 못 들었을 거야. 난
지금 이대로의 내 모습이 자랑스러워.

담쟁이로 덮여 있는 녹색기둥

음, 그래요. 새것은 무조건 좋고 낡고 오래되었다고 쓸모없
어지는 건 아니에요. 낡고 오래된 것일수록 가치 있고 좋은
것은 무엇이라고 생각하나요? 꼬마 철학자가 되어 함께
온 사람과 이야기를 나눈 후 50쪽에 써 보세요.

찰칵! 다양한 녹색기둥의 모습을 찍어요

녹색기둥을 가만히 바라보고 있으면 마치 착한 유령이 서 있는 것 같지 않은가요? 녹색 천을 뒤집어쓴 귀여운 몬스터 같아요.

자, 이제는 멋진 사진사로 변신해 다양한 모습의 녹색기둥을 찍어 보세요. 앞에 서 있는 몬스터들을 줄 세우기도 하고, 나만의 각도를 정해 멋진 형태로 배치해 보면서 사진 구도를 잡아 보세요.

찍은 사진은 51쪽에 붙여요. 보는 각도에 따라 V자, 평행선, 1자 등 여러 모양이 나타나는 신기한 정원이지요.

V자형으로 늘어선 녹색기둥

평행선으로 늘어선 녹색기둥

1자형으로 늘어선 녹색기둥

담쟁이는 벽타기 선수

내 키보다 훨씬 높은 기둥을 사다리도 없는데 담쟁이는 어떻게 오를 수 있을까요? 또 비바람에도 떨어지지 않고 붙어 있을 수 있는 이유는 무엇일까요? 기둥을 휘감고 있는 담쟁이를 엄지와 검지로 살짝 당겨 보세요. 좀 더 힘껏, 정말 단단하죠? 담쟁이 줄기는 10미터 이상을 뻗는데, 끝에 둥근 흡착근이 있어 나무기둥이나 담벽, 바위 등에 잘 붙으며 쉽게 떨어지지 않는답니다.

8개의 큰 수조에 담긴 향기

여기예요!

물놀이터에서 흘러내린 물은 선유도 이야기관과 녹색기둥의 정원 주변에 있는 갈대 수로를 따라 옛날 여과지였던 이곳 수생 식물원의 수조로 들어온답니다. 여과지는 침전지를 거쳐 흘러온 물을 모래와 자갈을 이용해 걸러 내던 곳이지요. 이곳에서 걸러진 물은 현재 선유도 이야기관으로 쓰여지는 정수지에 흐르다가 송수 펌프실에서 시민들에게 보내졌어요.

지금은 지붕을 철거하고 여과 수조를 재활용하여 수생 식물원의 수조로 사용하고 있답니다. 그리고 물은 수조를 지나 다시 시간의 정원에 있는 **벽천**으로 흘러 들어와 시간의 정원을 돌고 처음으로 돌아가지요.

✿ 벽천
벽에 붙은 물구멍을 말해요.

알쏭달쏭 물풀 퀴즈!

수생 식물원을 따라가다 보면 키가 큰 수생 식물들을 만날 수 있어요.
다양한 수생 식물들을 보며 재미있는 퀴즈도 풀어 보고, 가장 마음에 드는
물풀을 골라 51쪽에 세밀화도 그려 보세요.

Q 늪이나 강변, 갯벌이나 개울가처럼 축축한 땅에서 무리지어 자랍니다. 줄기는 곧게 자라는데 다 자라면 키가 2~3미터에 이릅니다. 억새와 비슷하게 생겼지만 이삭이 난 모양과 색깔이 다르답니다. 줄기를 엮어 지붕을 잇기도 하고 이삭으로 방을 쓰는 비를 만들기도 하지요. 나는 무엇일까요?

(   )

Q 잎이 말발굽처럼 생겼고 물 위에 떠서 넓게 펼쳐져 있어요. 잎의 앞쪽은 밝은 초록색이고 물방울이 또르르 굴러갈 정도로 매끄럽고 윤이 납니다. 6~8월에 가늘고 긴 꽃대가 나와 그 끝에 흰색 또는 자주색 꽃이 한 송이씩 피어요.
꽃은 3~4일 동안 피었다가 지는데 아침 햇살이 비칠 때 피었다가 저녁 무렵이면 꽃잎을 오므리지요. 그래서 '잠자는 연꽃'이란 뜻의 이름을 지녔어요. 꽃이 아름다워 다른 나라에서는 '물속의 여왕', '물속의 장미'라고 부른대요. 나는 무엇일까요?

(   )

Q 연못이나 도랑과 같은 습지에서 자란답니다. 줄기는 가지가 갈라지지 않고 원기둥 모양으로 곧게 서며 분홍빛이 돕니다. 잎은 어긋나고 잎자루가 거의 없으며 가장자리에 가는 톱니가 있고 끝이 뾰족하지요. 7~8월에 조그맣게 황백색 꽃이 피어요. 낙지다리를 닮아서 이름이 '낙지다리'라고 붙여졌어요. 뿌리, 줄기, 잎, 꽃, 열매 중 어느 곳이 낙지다리와 닮았을까요?(꽃이 피어 있지 않으면 답을 찾기가 힘들답니다!)

(   )

☞ 정답은 56쪽에

33

수생 식물에는 어떤 것이 있을까요?

수생 식물은 수중 식물과 같은 말로, 식물 몸의 전체 또는 일부가 물속에서 **생육**하는 식물을 이르는 말이에요. 쉬운 말로 설명하면 물 근처에 사는 모든 식물을 수생 식물이라고 하지요.

수생 식물은 크게 네 가지로 나누어져요. 식물의 대부분이 물속에 잠긴 침수 식물, 잎이나 식물의 대부분이 수면에 떠 있는 **부엽** 식물과 부유 식물, 식물의 윗부분이 물 위에 나와 있는 정수 식물로 구분됩니다. 수생 식물은 물이 있는 환경 속에서 자라므로, 뿌리·줄기·잎·꽃·눈 등의 형태가 물속 생활에 잘 맞게 발달되어 있어요.

✿ 생육
낳아서 기르는 것을 말해요.

✿ 부엽
물 위에 뜨는 잎을 가리켜요.

정수 식물(물가에서 자라는 식물)
뿌리는 진흙 속에 있고, 줄기와 잎의 일부 또는 대부분이 물 위로 뻗어 있는 식물을 말합니다. 추수식물이라고도 하며 습지의 가장자리에 살아요. 대표적인 정수 식물에는 갈대, 줄, 부들, 큰고랭이, 창포 등이 있습니다.

부엽 식물(물 위에 잎을 내는 식물)
뿌리는 물속 밑바닥에 굳게 들러붙어 있고 잎은 물 위에 떠 있는 식물을 말합니다. 보통 수심 1~1.5미터의 물속에서 자랍니다. 물 위에 뜬 잎은 표면에만 숨구멍이 있고 잎면은 매끈매끈해서 젖지 않는답니다.
가래, 마름, 수련, 어리연꽃 등이 부엽 식물에 속해요.

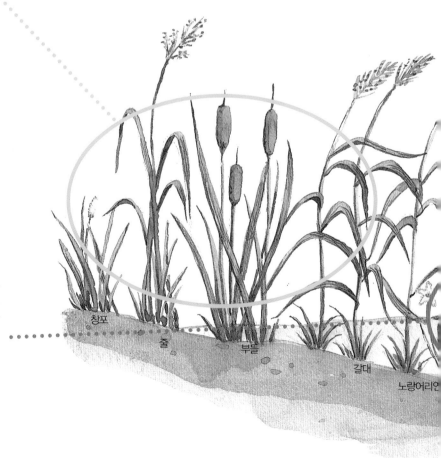

창포

줄

부들

갈대

노랑어리연

갈대, 줄과 같은 정수 식물은 땅속에 있는 줄기가 발달되어 있어요. 침수 식물이나 부수 식물의 경우는 식물 몸의 표면에서 직접 수분이나 양분을 빨아들여 뿌리의 발달이 좋지 않아요. 통발, 벌레먹이말 등은 아예 뿌리가 없답니다.

침수 식물은 일반적으로 물속의 잎이 여러 갈래로 가늘게 갈라져 있거나, **선형**으로 되어 있는 것이 많아 물에 대한 저항이 적어요.

✳ **선형**
선처럼 가늘고 긴 모양을 말해요.

부유 식물(물 위에 떠서 사는 식물)
물 위나 물속에서 떠다니며 생활하는 식물을 이르는 말이에요. 줄기나 잎이 수면 아래에 있고 뿌리가 없거나 빈약한 것이 특징이에요. 개구리밥, 물옥잠, 자라풀, 생이가래, 통발 등이 있어요.

침수 식물 또는 수중 식물(물속에 잠겨 사는 식물)
뿌리, 줄기, 잎 모두가 물속에 잠겨 있고 가는 뿌리나 땅속줄기가 물 밑으로 뻗는 식물을 말합니다. 주로 잎이 선형으로 나누어진 것이 많아요. 잎이나 줄기, 뿌리의 발달이 비교적 나쁘고 꽃은 수면 위에서 피는데 붕어마름과 같이 꽃이 물속에서 피는 것도 있어요. 붕어마름, 물수세미, 검정말, 나사말 등이 해당됩니다.

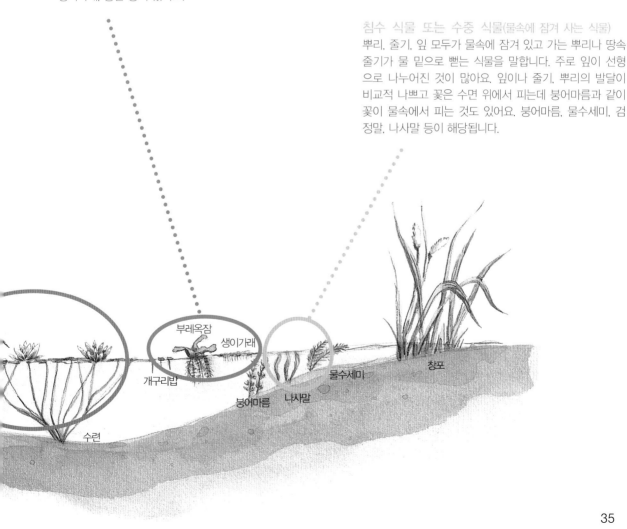

부레옥잠
생이가래
개구리밥
붕어마름
나사말
물수세미
창포
수련

오래된 것의 아름다움

여기예요!

수생 식물원을 지나 허물어진 콘크리트 담장 너머로 발걸음을 옮기면 '시간의 정원'이 나옵니다. 이곳은 약품을 넣어 물속의 불순물을 가라앉혀 제거하던 침전지였어요. 커다란 수조 2개로 이루어져 있었는데, 선유도 공원 중 옛 정수장의 구조물을 가장 많이 살려 만든 공간이랍니다.

갈대 수로를 따라 흐르는 물이 정원을 한 바퀴 돌며 나무를 키우고 꽃을 피우며 자연을 살아 있는 그대로 보존하고 있어요.

물과 함께 시간이 흐르고 그 안에 자리한 식물들이 시간의 흔적을 느끼게 한다고 해서 '시간의 정원'이라는 이름을 가지게 되었답니다.

초록벽의 정원
나팔꽃, 인동, 줄사철 등의 초목을 심어
초록의 벽을 볼 수 있어요.

소리의 정원
바람에 흔들리는
대나무 잎 소리를
들어 보세요. 비밀
의 화원에 와 있는
느낌이에요.

푸른숲의 정원
빼곡하게 자라고 있는 수목과 교목,
관목류의 구조가 그윽한 숲의 느낌을
줍니다.

이끼원
나무 그늘 아래에 암석과 이끼로
이루어진 공간이에요.

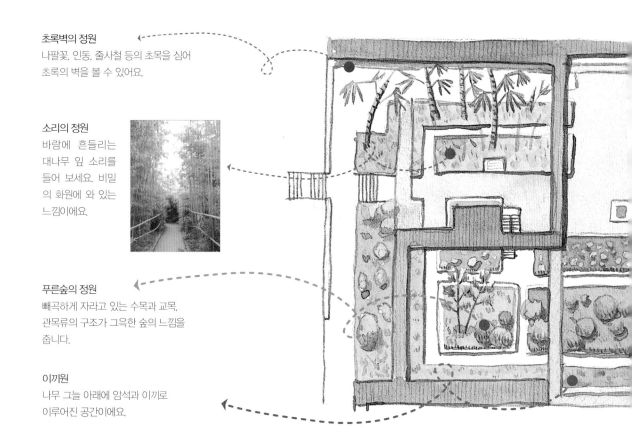

시간의 정원은 8개의 작은 정원들 사이로 숲속의 샛길 같은 좁은 길이 있어 호젓하게 산책하기에 더할 나위 없이 좋습니다. 또 정원 위로는 침전지의 수로와 구조물을 활용하여 만든 나무 통로가 정원을 가로지르며 연결되어 있어 예쁜 정원을 내려다보며 마치 나뭇가지를 건너듯 걸을 수 있답니다.

산사나무, 자작나무, 산벚나무, 돌배나무, 구상나무 등 키가 큰 나무의 잎사귀와 꽃, 열매를 가까이서 만나볼 수도 있지요.

정원은 옛 구조물의 형태를 살려 햇빛과 그늘, 습도를 적절히 조절함으로써 여러 종류의 식물이 함께 살아갈 환경을 만들었답니다. 그래서 이곳에서는 습지 생태, 양지, 그늘 등 각각의 생태 환경에서 자라나는 다양한 식물을 관찰할 수 있답니다.

산벚나무

구상나무

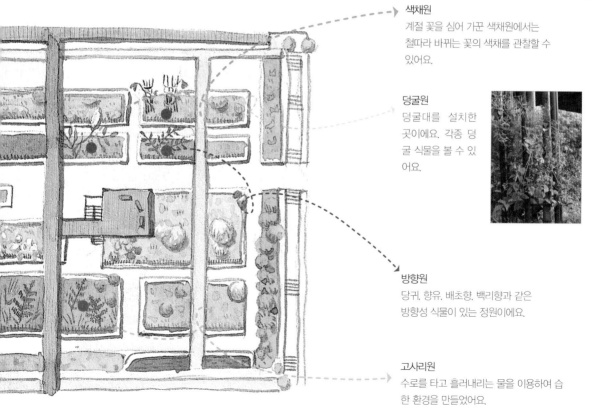

색채원
계절 꽃을 심어 가꾼 색채원에서는 철따라 바뀌는 꽃의 색채를 관찰할 수 있어요.

덩굴원
덩굴대를 설치한 곳이에요. 각종 덩굴 식물을 볼 수 있어요.

방향원
당귀, 향유, 배초향, 백리향과 같은 방향성 식물이 있는 정원이에요.

고사리원
수로를 타고 흘러내리는 물을 이용하여 습한 환경을 만들었어요.

어울림을 찾아서

정원을 산책하며 인공과 자연, 선과 모양, 색깔이 서로 조화를 이루는 모습을 느끼고 찾아보세요. 이 밖에도 어울림이 느껴지는 곳이 많을 거예요. 내가 찾은 어울림에는 어떤 것이 있나요?

어울림이 느껴지는 곳과 어울린다고 생각한 이유를 50쪽으로 가서 적어 볼까요?

콘크리트 벽과 붉은인동

흰 줄기의 자작나무와 주황빛 원추리 꽃

쇠기둥을 타고 오르는 으아리 꽃

여기서
잠깐!

자작나무와 키재기해요

지하 정원에서 계단을 올라서면 옛 침전지의 수로와 구조물을 활용하여 만든 나무 마루 길이 연결됩니다.
이곳에서는 조금 전에 있었던 정원이 모두 내려다보이고 마치 나무 사이를 건너다니는 느낌이 든답니다.
통로를 따라 걸으며 키 큰 나무와 만나 볼까요?

자작나무의 키가 얼마나 큰지 올려다보세요.
내 키의 몇 배쯤 될 것 같은가요?

우아~ 정말 크다.

내 키의 (　　　)배는 되겠네.

▲ 자작나무
나무가 탈 때 '자작자작' 소리가 나서 자작나무란 이름이 붙었어요. 깊은 산 양지에서 자라고 높이는 20미터나 돼요. 나무껍질이 흰색이며 옆으로 얇게 벗겨진답니다. 그래서 옛날에는 종이 대신 자작나무 껍질에 그림을 그리거나 글을 쓰기도 했지요.

또 산사나무도 찾아보세요. 잎이 꼭 국화꽃처럼 생겼답니다. 초여름엔 하얀색의 예쁜 꽃을 피우고, 한여름엔 앙증맞은 동그란 열매를 볼 수 있지요. 그 밖에도 산벚나무, 구상나무, 돌배나무의 가지와 잎, 꽃, 열매를 관찰해 보세요.

산사나무
늦은 봄 작은 꽃망울들이 뭉게구름처럼 하얗게 모여서 피어요. 줄기엔 가시가 있지요. 검붉은 색의 작고 앙증맞은 열매는 사과처럼 아삭거리고 새콤달콤해서 새들이 아주 좋아한대요. 초여름엔 하얀색 예쁜 꽃을 피우고, 나무 재질이 치밀하고 탄력이 있어 다식판, 상자, 목침, 지팡이 등을 만들 때 사용해요.

붉은인동
산기슭이나 숲 가장자리에서 주로 자라요. 푸른 잎을 매단 채로 겨울을 나지요. 추운 겨울을 참고 견뎌 낸다는 뜻에서 인동이라는 이름이 붙었어요. 이런 덩굴 식물들은 스스로 서 있기가 힘들어요. 그래서 주변에 기대어 자란답니다.

대나무
대나무는 자라는 속도가 매우 빨라요. 최고 기록은 하루 동안에 54센티미터까지 자란 예가 있다고 해요. 따뜻하고 땅이 기름지고 습기도 넉넉한 곳을 좋아한대요. 대나무 꽃은 60년 만에 한 번씩 피는데 꽃이 피고 나면 일제히 죽었다가 다시 10년쯤 지나야 제 빛깔인 푸른 색이 된다고 해요.

털부처꽃
햇볕이 잘 드는 웅덩이 주변의 습지에서 자라는데 높이가 1미터에 이르며 원줄기는 사각형이고 잔털이 있어요. 7~8월에 보랏빛 꽃이 피는데 꽃잎은 6장으로 갈라지고 약간 주름이 진답니다.

식물들도 저마다 사는 곳이 달라요

시간의 정원에는 햇빛을 좋아하는 식물, 그늘을 좋아하는 식물, 축축한 곳을 좋아하는 식물들이 함께 모여 정답게 살아가고 있어요. 어떻게 그럴 수 있냐고요? 옛 정수장의 건물을 그대로 이용하면서 건물 구조에 따라 나무 통로 아래는 그늘이 생겼고 수로가 흐르는 담 쪽에는 축축한 습지가 만들어지고 지붕 없이 탁 트인 곳에는 햇빛이 잘 드는 양지가 만들어졌기 때문이에요.

보기의 식물은 어디에 살고 있을까요? 식물을 직접 만나 보고 좋아하는 곳을 찾아 오른쪽 그림 안에 써 보세요.

보기

물푸레나무 자작나무 털부처꽃

맥문동 뱀딸기꽃 수호초

여긴 시원한 그늘

여긴 양지바른 곳

여긴 물이 많은 곳

하늘말나리

고사리

하늘매발톱

식물들도 자기가 좋아하는 곳이 있대요

난 양지바른 곳이 좋아!

햇빛이 잘 드는 양지에서 잘 자라는 식물들은 대체로 잎이 좁고 미세한 털이나 있지요. 소나무, 향나무, 소철, 채송화, 백일홍, 코스모스, 선인장류 등이 여기에 속한답니다.

여름엔 시원한 그늘이 최고지!

음지에서 잘 자라는 식물로서 일반적으로 잎이 넓고 얇으며 잎의 수가 적은 것이 특징입니다. 베고니아, 고사리류, 아이비 등이 여기에 해당됩니다.

난 목이 마른 건 질색이야!

습기가 많은 축축한 땅에서 자라는 식물을 통틀어 말해요.
미나리, 끈끈이주걱 등이 있는데 '소택식물'이나 '진펄식물'이라고 부르기도 해요.

정답은 56쪽에

재활용 공간의 아름다움

여기예요!

시간의 정원에서 나와 전망대 쪽으로 가다 보면 커다란 원형 구조물 네 개가 보입니다. 정수하고 남은 불순물을 물과 찌꺼기로 다시 분리시켜 처리하던 곳입니다. 지금은 구조물과 철제 다리, 녹슨 송수관을 재활용하여 원형극장, 환경 놀이마당, 환경교실, 화장실로 꾸며 놓았어요.

참 근사하죠? 여러분도 녹슨 송수관을 타고 슝, 미끄럼도 타고 철제 다리도 건너 보세요.

원형극장
원형극장은 둥그런 건물 안에 나무의자를 놓아 작은 공연이나 모임을 가질 수 있도록 아늑하게 꾸며져 있습니다. 둥그런 원형극장 나무의자에 앉아 버려진 물건이나 건물을 이용해 만들 수 있는 걸 상상해 보고 52쪽에 표현해 보세요.

환경 놀이마당

환경 놀이마당에는 원형 건물과 철제 다리, 녹슨 송수관을 재활용하여 만든 미끄럼틀과 터널, 암벽타기 등의 놀이 기구가 있어요.

화장실

화장실 또한 원형의 농축조 구조물을 그대로 살려서 남, 여 화장실이 각각 독특한 반원 형태로 되어 있습니다.

환경교실

환경교실은 선유도 공원을 찾은 어린이들이 보고 느낀 것을 이야기와 그림, 공작 등으로 표현하면서 다시 한번 되새길 수 있는 공간으로 꾸며져 있어요.

탐방! 세계의 재활용 공간

세계에서 가장 긴 보행자 전용 다리, 월넛 스트리트교

'셔츠가 금방 더러워지는 거리'로 악명이 높았던 미국의 채터누가 시는 우수환경도시로 대변신했어요. 채터누가 시가 위치한 테네시 강가에는 시민의 휴식 공간으로 강변에 13킬로미터나 되는 '리버 워크'라는 산책로가 이어져 있어요. 리버 워크에서 도심 쪽으로 향하면 거대한 푸른 다리가 눈에 들어와요. 1891년에 만들어진 다리가 너무 낡아 철거하려다가 다시 고쳐 만들었어요.
이게 바로 세계에서 가장 긴 보행자 전용 다리인 '월넛 스트리트교'랍니다.

쓰러진 나무로 지은 최고급 폰다 벨라 호텔

중앙아메리카 남쪽에 있는 작은 공화국인 코스타리카는 자연 그대로의 모습을 잘 간직한 것으로 유명해요. 특히 고목을 재활용해서 지은 '폰다 벨라' 호텔이 명물이랍니다. 이 호텔은 고목과 쓰러진 나무 150그루를 골라서 지은 건물로, 부패하지 않고 벌레도 퇴치되는 마호가니 목재를 주로 사용했어요. 나무 한 그루를 벨 때마다 두 그루를 새로 심었다니 자연보호는 제대로 한 것 같네요.

함 시는 유럽의 가장 큰 탄광 지대였던 루르 지방의 동쪽 끝에 자리잡고 있어요. 함 시는 폐광 가운데 하나를 산림과 풀꽃이 가득한 생태 공원인 '에코 센터'로, 또 하나는 시민의 쉼터로 새롭게 꾸몄습니다. 여기에는 곤충관, 식물원, 천연 소재의 놀이 기구 등이 갖추어져 있는데 특히 가장 눈에 띄는 것이 바로 '유리 코끼리'란 건물이에요. 석탄 선별 장소로 사용되던 건물을 개조해서 코끼리의 어금니를 붙인 모습이 참 재미있지요. 건물 안에는 열대 식물원과 갤러리가 설치되어 있답니다.

아름다운 생태 공원으로 태어난 함 시

독일의 '환경수도'로 뽑힌 에칸페르데 지역은 특히 북부에 있는 '락센바하'라는 작은 강으로 유명해요. 락센바하는 한때 도시의 발달로 자연 하천의 모습을 잃고 바짝 말라 웅덩이처럼 변해 버렸어요. 그런데 우연히 그 배수관의 지름에 맞는 양동이를 한 개 사와 입구를 막았더니 상류에서 흘러온 물로 습지가 회복되었어요. 바로 이 호수가 '양동이 호수'예요. 지금은 갈대와 같은 식물이 호수 주위에 자라고 백조나 오리 등 많은 물새들도 이곳에 살고 있대요.

마른 웅덩이를 양동이 하나로 되살린 호수

선유교

아름다운 무지개 다리

여기예요!

　선유교는 새 천년을 맞이하여 서울시와 프랑스 2000년 위원회의 공동 사업으로 건설한 보행자 전용 다리입니다. 새로운 소재인 초고강도 콘크리트를 사용하여 가볍고 날렵한 모습을 자랑해요. 다리 바닥과 난간을 나무로 지어 자연스러운 느낌을 한껏 살렸지요. 또 다리 가운데 부분을 45센티미터 정도 높게 만들었는데(이를 '단차'라고 해요.) 이는 선유교를 건너는 사람들, 특히 키가 작은 어린이들이 한강변을 감상할 때 잘 내다볼 수 있도록 배려한 것입니다. 그리고 무지개 모양으로 휘어져 있는 이유는 선유교를 어느 장소에서나 볼 수 있도록 조형미를 살린 것이랍니다.

단차

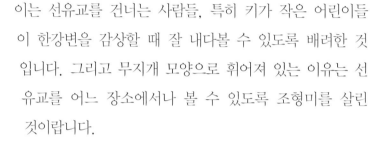

❶ 밤에 본 선유교의 모습
밤에는 선유교가 조명을 받아 무지갯빛으로 빛나 더욱 멋
지지요.

❷ 다리
선유교를 건너면 빛이 들어오는 신비한 다리가 나와요. 다
리를 건너면 버스 정류장으로 이어집니다.

❸ 선유교 전망대
멀리 월드컵 경기장과 한강의 시원한 바람을 만끽할 수 있
는 곳이에요. 습지대도 보이지요.

선유교의 조형미는 특히 밤에 더욱 돋보입니다. 밤에
는 투사 조명과 수면 반사광으로 아름답게 변신하기 때
문이지요.

다리와 선유도 공원이 만나는 부분의 전망대에서는
한강과 서울의 산세, 월드컵 경기장, 세계 최고 높이
(202미터)인 분수대, 선유도 공원 주변의 경관을 두루
감상할 수 있답니다.

부드러운 느낌을 주는 나무 바닥과 난간, 키 작은
아이들을 배려하는 따뜻한 마음, 다리 위를 걷는 사
람까지도 아름다운 다리를 감상할 수 있도록 설계한 과학성……
선유도 공원을 나올 때 주변의 시원한 한강 풍경 못지않게 우리의 기
분을 좋게 하는 것들입니다.

월드컵 분수대와 안개 분수
월드컵 분수대는 선유도 하류 410미
터 지점에 있어요. 4월~9월까지 가동
하며 평일에는 2시~일몰, 공휴일에는
12시~일몰 사이에 볼 수 있어요. 짙은
안개나 폭우 등과 같은 부득이한 경
우 말고는 관람이 가능해요.
안개 분수는 선유도 남측 옹벽에 설치
되어 있어요. 추운 겨울에는 운행하지
않아요.

선유도 공원을 나오며

시간과 물이 머무는 선유도 공원을 둘러본 느낌이 어떤가요?

미루나무가 불러들이는 바람도 맘껏 느끼고, 시원한 한강의 전망을 즐기며 생각에 잠겨 보기도 했나요? 여유롭게 산책하다가 고즈넉한 정원도 만날 수 있었을 거예요.

공원 곳곳에서 볼 수 있는 수생 식물들이 깨끗하게 만들어 준 물은 정원 내부를 한 바퀴 돌면서 풀과 꽃들을 키워 내요. 그리고 남겨진 몇 채의 건물은 공원과 한강의 역사를 안내하고 한강의 전경을 즐기는 공간으로 활용되었지요. 이렇듯 선유도 공원에서는 시간에 따라 자연과 함께 변화하는 건물들의 모습을 볼 수 있습니다.

'사라진 것'을 기억하는 데 이용된 재활용 구조물들이 어느새 자연의 일부가 된 것이지요. 10년이 지나고 100년이 지난 후에도 우리가 지금 느끼는 선유도 공원의 흔적이 남아 있을까요?

선유도 공원에 있는 나무와 풀, 바람은 우리에게 자연을 파괴하고 훼손하는 일을 멈추라고 조용히 말하고 있습니다. 우리가 살고 있는 환경은 우리 몸처럼 아껴야 하는 것이니까요.

우리 주변의 환경을 소중하게 여겨 주세요. 있는 그대로의 자연을 담아낸 선유도 공원처럼.

그대로 둘 일입니다.
낡은 것은 낡은 채로,
비어 있는 것은 빈 채로.
생명은 그 존재 자체로
가득하고 아름다운 것이므로.

– 선유도 안내센터 글귀에서 –

나는 선유도 공원 박사!

선유도 공원을 잘 둘러보았나요? 선유도 공원에서 본 것과 책에서 읽은 내용을 바탕으로 머리에 쏙쏙 들어오는 퀴즈를 풀어 보세요.

① '녹색기둥이 들려주는 이야기'를 읽고 느낀 점을 써 보세요.

녹색기둥처럼 낡고 오래된 것일수록 좋은 것에는 어떤 것이 있을까요?

② 시간의 정원 속 어울림을 찾아보세요.

시간의 정원에는 다양한 어울림이 있어요. 여러분이 찾은 어울림을 찾아보세요.

	어울림이 느껴지는 곳은 어디예요?	어울린다고 생각한 이유를 적어 볼까요?
1		
2		

내 맘에 쏙 드는 물풀을 그려 보세요.

수생 식물원에서 가장 마음에 드는 물풀을 하나 골라 자세히 관찰하며 그려 보세요.

▶물풀 이름:

▶어떤 점이 마음에 드나요?

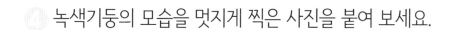

*연필, 볼펜, 사인펜 등 다양한 도구로 그려 보세요. 개성 있는 나만의 방법으로 표현해 보고 친구들과 비교해 봐요.

녹색기둥의 모습을 멋지게 찍은 사진을 붙여 보세요.

정답은 56쪽에

⑥ 십자말풀이를 해 보세요.

1							2
				4			
		3					
2				5	4		5
					6		
	6						
	7						

〈가로 열쇠〉

1. '신선이 노니는 봉우리'란 뜻. 선유도 공원의 옛 모습.

2. 나무껍질은 한약재로 쓰며, 작은 잎은 달걀 모양이고 톱니가 있음.

3. 소시지 모양의 긴 꽃 이삭이 달려 있음. 솜방망이같이 부드러울 것 같지만 딱딱함.

4. 오염된 물이나 땅이 저절로 깨끗해지는 작용.

5. 뿌리는 진흙 속에 있고, 줄기나 잎의 대부분은 물 위로 나와 있는 수생 식물의 하나. 갈대, 부들, 줄 등이 있음.

6. 진경산수화의 대가. 대표적인 그림으로는 선유봉, 소유정, 소악루가 있음.

7. 우리나라 최초의 재활용 생태 공원.

〈세로 열쇠〉

1. 환경 친화적인 목재로 만든 선유도 공원 보행자 전용 다리.

2. 용도를 바꾸거나 다시 쓰는 것을 말함.

3. 잎자루가 풍선처럼 부풀어 있어 물 위에 떠 있는 식물. 연보랏빛 꽃이 핌.

4. 선유도 공원 정문 앞에서 보이는 유리온실 바로 밑에 있는 곳. 계단식 수조로 만들어 갈대, 부들, 꽃창포와 같은 수생 식물이 자라는 곳.

5. 물속이나 물가에 자라는 풀을 말함.

6. 도를 닦아서 인간 세계를 떠나 자연과 벗삼아 산다는 상상의 사람.

환경아이디어 공모에 참가해 보세요.

둥그런 원형극장 나무의자에 앉아 이곳 재활용 공간을 천천히 둘러보았나요? 낡고 오래된 구조물이 페인트칠도 하지 않아 초라해 보이지만 새로워진 모습에 감탄이 절로 나옵니다. 자, 여러분도 이 공원을 설계하고 조성한 건축가처럼 우리 주변에서 버려진 물건이나 건물을 활용하여 멋진 물건 또는 건물을 상상해 보고 아이디어를 그림으로 표현해 보세요.

*구체적으로 표현하기 어려운 친구들은 간단한 선과 도형을 이용해서 표현해 봐요. 생각이 잘 떠오르지 않으면 자연과 어우러진 다른 조형물을 찾아 보세요. 균형 있고 아름다운 건물을 많이 보면 좋은 아이디어가 떠오르거든요.

▶만든 작품에 제목을 붙여 보세요.

▶어떤 물건을 재활용 했나요 ?

▶작품의 특징이나 자랑거리를 글로 표현해 보세요.

정답은 56쪽에

체험학습 보고서 잘 쓰기!

체험학습을 다녀온 뒤 보고서를 쓰면 견학을 통해 보고 듣고 느낀 것들을 오래 기억할 수 있고, 나중에 좋은 추억을 더듬어 볼 수 있어요. 게다가 훌륭한 과제물을 제출할 수도 있지요. 그럼 체험학습 보고서는 어떻게 써야 할까요?

본문
보고서 형식을 잘 갖추어야겠지만, 여러분의 손길이 묻어나는 게 무엇보다 중요해요. 무엇을 보고 들었는지, 견학한 내용을 간단히 정리합니다. 자신만의 느낌과 생각이 잘 드러나도록 쓰세요.

1

〈선유도 공원 견학 보고서〉

자연과 건물의 어울림
-선유도 공원을 다녀와서-

견학한 날	20××년 ×월 ×일
학교	서울 행복 초등학교
학년반번	4학년 3반 11번
이름	조예준
함께 간 사람	한예지, 김연재

2

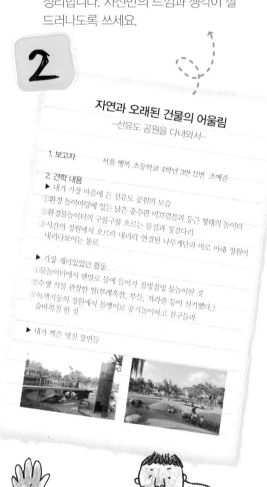

자연과 오래된 건물의 어울림
-선유도 공원을 다녀와서-

1. 보고자   서울 행복 초등학교 4학년 3반 11번 조예준

2. 견학 내용
▶ 내가 가장 마음에 든 선유도 공원의 모습
①환경 놀이마당에 있는 낡은 송수관 미끄럼틀과 둥근 형태의 놀이터
②환경물놀이터의 구불구불 흐르는 물길과 징검다리
③시간의 정원에서 오르락 내리락 연결된 나무계단과 바로 아래 정원이 내려다보이는 통로

▶ 가장 재미있었던 활동
①물놀이터에서 맨발로 물에 들어가 첨벙첨벙 물놀이한 것
②수생 식물 관찰한 일(부레옥잠, 부들, 자라풀 등이 신기했다.)
③녹색기둥의 정원에서 돌멩이로 공기놀이하고 친구들과 숨바꼭질 한 것

▶ 내가 찍은 멋진 장면들

표지
제목은 견학 장소를 알릴 수 있게 한 문장으로 요약해서 쓰고 부제목은 견학 장소의 이름을 씁니다. 체험학습 장소에서 찍은 자신의 모습이 담긴 사진을 찍어 두었다가 표지에 넣으면 눈에 띄겠지요. 학년, 반, 번호와 이름도 빠뜨리지 마세요.

좋은 체험학습 보고서를 쓰기 위해서는 우선 풍부한 자료를 준비해야 합니다. 현장을 설명한 책이나 안내서, 사진 등은 꼭 챙기고 필요하다면 견학 중간에 인상 깊었던 것이나 중요한 내용은 메모를 하는 게 좋습니다.

인터넷이나 책의 내용을 그대로 베껴 제출하는 일은 없어야 합니다. 뻔한 내용이나 현장을 단순히 소개하는 글보다는 자신이 보고 듣고 느낀 점을 솔직하게 쓰는 게 좋아요.

체험학습의 기억을 최대한 살려 쓰도록 합니다. 견학한 때와 곳, 함께 간 사람과 견학 목적을 정리한 견학 이유, 보고 들은 것과 견학 장소를 소개한 견학 내용, 견학을 통해 얻은 바를 정리한 견학 결과, 다양한 생각과 느낌을 정리한 견학 소감까지 있다면 만점짜리겠죠.

3

3. 견학 소감

선유도 공원에서 만난 나리꽃에게

안녕?

난 얼마 전에 네가 살고 있는 선유도 공원에 놀러 갔던 예준이야.

넌 아직도 예쁜 모습으로 피어 있니?

네가 살고 있는 정원은 정말 따뜻하고 아름다운 곳이더구나.

자그마한 들풀과 화려한 꽃들, 그리고 키 큰 나무까지 너희들은 참 다정한 모습

으로 함께 살고 있더라.

물속에선 물풀들이 건강하게 자라고 그곳을 지나는 바람과 햇빛도 다른 곳과는

달리 여유 있고 한가로운 느낌이었어.

선유도 공원은 참 멋진 곳이야.

오래되고 녹슬어 부수어버려야 할 건물을 그대로 살려 너희 같은 식물들이 함께

살 수 있게 만들고, 예쁜 색으로 페인트칠도 안 했는데 여러 가지 꽃잎 색이 무지

잘 어울렸어.

또 참 재미난 곳이기도 했어. 오르락내리락, 구불구불, 울퉁불퉁 미로 같은 길을

따라다니는 게 얼마나 재미있었는지.

네가 살고 있는 그곳처럼 다른 곳들도 사람들이 맘대로 파헤치고 마구끄리는

것이 아니라, 있었던 건물과 자연과 사람이 함께 어울려 사는 세상이 되었으면

좋겠다.

고마워! 너희들에게 자연을 사랑하는 마음을 배우게 된 것 같아.

다음에 또 놀러갈게. 그때도 예쁜 모습으로 반겨 주길 바래.

안녕!

예준이가

견학 소감

견학 소감은 자신만의 생각과 느낌을 솔직하게 쓰면 됩니다. 선유도 공원을 소개하는 글을 쓰거나 선유도 공원에서 만난 친구에게 편지 쓰기, 또는 느낌을 시화로 나타내는 서정적인 정리 활동이 들어가면 좋겠죠. 또 견학을 하면서 궁금했던 것이나 알고 싶은 것은 메모해 두었다가 선생님께 물어 보거나 인터넷이나 책을 통해 자료를 찾아보도록 하세요.

정답

나는 무엇일까요?

21쪽 남생이남궁

11쪽 1.(×)　2.(×)　3.(○)

14쪽

- 창포
- 부레옥장
- 갈대
- 부들
- 마름

16–17쪽 자라, 미꾸라지, 내엽, 줄기, 잎, 공기
공기주머니, 새로, 뿌리, 수세미

26–27쪽

33쪽 갈대, 수련, 꽃

41쪽

여긴 양지바른 곳
자갈나무
뱀딸기꽃

여긴 시원한 그늘
맥문동
수호초

여긴 물이 많은 곳
물무레나무
털부처꽃

하늘매발톱

고사리

하늘말나리

나는 선유도 공원 박사!

'녹색기둥이 들려주는 이야기'를 읽고
느낀 점을 써 보세요.

예) 녹색기둥은 꼭 처음부터 녹색기둥이었던 것만
같다. 낡은 콘크리트 벽이 지금의 녹색기둥이
되었다는 것이 믿어지지 않았다. 담쟁이들이 나무
올라가 지금의 모습이 된 것을 보면 그 모습이
나무 잘 어울리기 때문이다. 오래감수록 좋은 것은
친구, 나무, 교회재 등이 있는 것 같다.

시간의 정원 속 어울림을 찾아보세요.

	어울림이 느껴지는 곳은 어디예요?	어울린다고 생각한 이유를 적어 볼까요?
1	푸른 나무 숲길 산책 노을 정원	색깔이 잘 어우러져
2	분수대 사각 분수 나무 올라가 드레박나무	분수가 잘 어울려 건물들이 느껴진다

내 맘에 쏙 드는 물풀을 그려 보세요.

예)

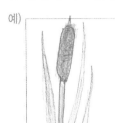

▶물풀 이름: 부들

▶어떤 점이 마음에 드나요?
소시지에 막대기처럼 생긴
모습이 신기해 인제 그려도
재밌 재밌다.

이 그림은 을지 초등학교 정진규 어린이가 직접 그려 주었습니다.

십자말풀이를 해 보세요.

(십자말풀이 격자)

환경아이디어 공모에 참가해 보세요.

예)

▶만든 작품에 제목을 붙여 보세요.
우리 손바닥인트 공룡 수 있고

▶어떤 물건을 재활용했나요?
나무 젓가락 신문지 색종이 등

▶작품의 특징이나 자랑거리를 글로 표현해 보세요.
재미로 만들어진 공룡이 너무나 귀엽기
정말 좋아요

이 그림은 당현 초등학교 김상규 어린이가 직접
그려 주었습니다.

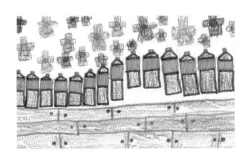

▶만든 작품에 제목을 붙여 보세요.
다시 태어난 병 조각

▶어떤 물건을 재활용했나요?
버려진 패트병 플라스틱 병뚜껑 유리병 등

▶작품의 특징이나 자랑거리를 글로 표현해 보세요.
특징 : 버려진 패트병으로 재활용 장식 그리고
바늘과 갈고리 실리서 꽃을 만들어서 보기 싫은
쓰레기를 없애고 꽃밭의 꽃을 만들었다.
자랑거리 : 재활용품으로 꽃을 만들어서 보는
사람이 좋고.

이 그림은 당현 초등학교 이해심 어린이가
직접 그려 주었습니다.

초등학교 교과서와 관련된 학년별 현장 체험학습 추천 장소

1학년 1학기 (21곳)	1학년 2학기 (18곳)	2학년 1학기 (21곳)	2학년 2학기 (25곳)	3학년 1학기 (31곳)	3학년 2학기 (37곳)
철도박물관	농촌 체험	소방서와 경찰서	소방서와 경찰서	경희대자연사박물관	IT월드(과천정보나라)
소방서와 경찰서	광릉	서울대공원 동물원	서울대공원 동물원	광릉수목원	강원도
시민안전체험관	홍릉 산림과학관	농촌 체험	강릉단오제	국립민속박물관	경희대자연사박물관
천마산	소방서와 경찰서	천마산	천마산	국립서울과학관	광릉수목원
서울대공원 동물원	월드컵공원	남산골 한옥마을	월드컵공원	국립중앙박물관	국립경주박물관
농촌 체험	시민안전체험관	한국민속촌	남산골 한옥마을	기상청	국립고궁박물관
코엑스 아쿠아리움	서울대공원 동물원	국립서울과학관	한국민속촌	서대문자연사박물관	국립국악박물관
선유도근린공원	우포늪	서울숲	농촌 체험	선유도근린공원	국립부여박물관
양재천	철새	갯벌	서울숲	시장 체험	국립서울과학관
한강	코엑스 아쿠아리움	양재천	양재천	신문박물관	남산
에버랜드	짚풀생활사박물관	동굴	선유도근린공원	경상북도	남산골 한옥마을
서울숲	국악박물관	고성 공룡박물관	불국사와 석굴암	양재천	롯데월드 민속박물관
갯벌	천문대	코엑스 아쿠아리움	국립중앙박물관	경기도	국립민속박물관
고성 공룡박물관	자연생태박물관	옹기민속박물관	국립민속박물관	이화여대자연사박물관	삼성어린이박물관
시대문자연사박물관	세종문화회관	기상청	전쟁기념관	전쟁기념관	서대문자연사박물관
옹기민속박물관	예술의 전당	시장 체험	판소리	천마산	선유도근린공원
어린이 교통공원	어린이대공원	에버랜드	DMZ	한강	소방서와 경찰서
어린이 도서관	서울놀이마당	경복궁	시장 체험	화폐금융박물관	시민안전체험관
서울대공원		강릉단오제	광릉	호림박물관	경상북도
남산자연공원		몽촌역사관	홍릉 산림과학관	홍릉 산림과학관	월드컵공원
삼성어린이박물관		국립현대미술관	국립현충원	우포늪	육군사관학교
			국립4·19묘지	소나무 극장	해군사관학교
			지구촌민속박물관	예지원	공군사관학교
			우정박물관	자운서원	철도박물관
			한국통신박물관	서울타워	이화여대자연사박물관
				국립중앙과학관	제주도
				엑스포과학공원	천마산
				올림픽공원	천문대
				전라남도	태백석탄박물관
				경상남도	판소리박물관
				허준박물관	한국민속촌
					임진각
					오두산 통일전망대
					한국천문연구원
					종이미술박물관
					짚풀생활사박물관
					토탈야외미술관

4학년 1학기 (34곳)	4학년 2학기 (56곳)	5학년 1학기 (35곳)	5학년 2학기 (51곳)	6학년 1학기 (36곳)	6학년 2학기 (39곳)
강화도	IT월드(과천정보나라)	갯벌	IT월드(과천정보나라)	경기도박물관	IT월드(과천정보나라)
갯벌	강화도	광릉수목원	강원도	경복궁	KBS 방송국
경희대자연사박물관	경기도박물관	국립민속박물관	경기도박물관	덕수궁과 정동	경기도박물관
광릉수목원	경복궁 / 경상북도	국립중앙박물관	경복궁	경상북도	경복궁
국립서울과학관	경주역사유적지구	기상청	덕수궁과 정동	고성 공룡박물관	경희대자연사박물관
기상청	경희대자연사박물관	남산골 한옥마을	경상북도	국립민속박물관	광릉수목원
농촌 체험	고창, 화순, 강화 고인돌유적	농업박물관	경희대자연사박물관	국립서울과학관	국립민속박물관
서대문자연사박물관	전라북도	농촌 체험	고인쇄박물관	국립중앙박물관	국립중앙박물관
서대문형무소역사관	고성 공룡박물관	서울국립과학관	충청도	농업박물관	국회의사당
서울역사박물관	충청도	서울대공원 동물원	광릉수목원	롯데월드 민속박물관	기상청
소방서와 경찰서	국립경주박물관	서울숲	국립공주박물관	몽촌토성과 풍납토성	남산
수원화성	국립민속박물관	서울시청	국립경주박물관	민주화현장	남산골 한옥마을
시장 체험	국립부여박물관	서울역사박물관	국립고궁박물관	백범기념관	대법원
경상북도	국립서울과학관	시민안전체험관	국립민속박물관	서대문자연사박물관	대학로
양재천	국립중앙박물관	경상북도	국립서울과학관	서대문형무소 역사관	민주화 현장
옹기민속박물관	국립국악박물관 / 남산	양재천	국립중앙박물관	서울역사박물관	백범기념관
월드컵공원	남산골 한옥마을	강원도	남산골 한옥마을	조선의 왕릉	아인스월드
철도박물관	농업박물관 / 대법원	월드컵공원	농업박물관	성균관	서대문자연사박물관
이화여대자연사박물관	대학로	유명산	롯데월드 민속박물관	시민안전체험관	국립서울과학관
천마산	롯데월드 민속박물관	제주도	충청도	경상북도	서울숲
천문대	몽촌토성과 풍납토성	짚풀생활사박물관	서대문자연사박물관	암사동 선사주거지	신문박물관
철새	불국사와 석굴암	천마산	성균관	운현궁과 인사동	양재천
홍릉 산림과학관	서대문자연사박물관	한강	세종대왕기념관	전쟁기념관	월드컵공원
화폐금융박물관	서울대공원 동물원	한국민속촌	수원화성	천문대	육군사관학교
선유도근린공원	서울숲	호림박물관	시민안전체험관	철새	이화여대자연사박물관
독립공원	서울역사박물관	홍릉 산림과학관	시장 체험 / 신문박물관	청계천	중남미박물관
탑골공원	조선의 왕릉	하회마을	경기도	짚풀생활사박물관	짚풀생활사박물관
신문박물관	세종대왕기념관	대법원	강원도	태백석탄박물관	창덕궁
서울시의회	수원화성	김치박물관	경상북도	해인사 고려대장경과 장경판전	천문대
선거관리위원회	승정원 일기 / 양재천	난지하수처리사업소	옹기민속박물관	호림박물관	우포늪
소양댐	옹기민속박물관	농촌, 어촌, 산촌 마을	운현궁과 인사동	유니세프 한국위원회	판소리박물관
서남하수처리사업소	월드컵공원	들꽃수목원	육군사관학교	무령왕릉	한강
중랑구재활용센터	육군사관학교	정보나라	이화여대자연사박물관	현충사	홍릉 산림과학관
중랑하수처리사업소	철도박물관	드림랜드	전라북도	덕포진교육박물관	화폐금융박물관
	이화여대자연사박물관	국립극장	전쟁박물관	서울대학교 의학박물관	훈민정음
	조선왕조실록 / 종묘		창경궁 / 천마산	상수허브랜드	상수도연구소
	종묘제례		천문대		한국자원공사
	창경궁 / 창덕궁		태백석탄박물관		동대문소방서
	천문대 / 청계천		한강		중앙119구조대
	태백석탄박물관		한국민속촌		
	판소리 / 한강		해인사 고려대장경과 장경판전		
	한국민속촌		화폐금융박물관		
	해인사 고려대장경과 장경판전		중남미문화원		
	호림박물관		첨성대		
	화폐금융박물관		절두산순교성지		
	훈민정음		천도교 중앙대교당		
	온양민속박물관		한국에너지기술연구원		
	아인스월드		한국자수박물관		
			초전섬유퀼트박물관		

사진 출처

주니어김영사(윤형구 촬영) 8p(능수버들), 10p(선유도 주변), 18~19p(사진 전부), 20~21p(물놀이터 사진 전부), 24~25p(사진 전부), 28~31p(사진 전부), 32p(수생 식물원), 42~43p(사진 전부), 46p(선유교, 단차), 47p(다리, 선유교 전망대), 49p(선유도 공원 풍경)

강은희 7p(사진 전부), 12~13p(사진 전부), 14~17p(사진 전부), 21p(담쟁이 사진), 22p(선유정), 32p(벽천), 33p(사진 전부), 36~40p(사진 전부)

선유도근린공원 관리사무소 47p(밤에 본 선유교의 모습)

조성룡 도시건축 8p(선유봉), 11p(양화진), 26p(선유봉), 27p(소악루)